Rafael Arozarena

Rafael Arozarena Doblado (Santa Cruz de Tenerife, 1923-2009).

En 1988 recibió el Premio Canarias de Literatura, ingresando en la Academia Canaria de la Lengua en el año 2000. Tres años más tarde recibió la Medalla de Honor de la Universidad Internacional Menéndez Pelayo y en 2004 ingresa en la Academia de Ciencias e Ingenierías de Lanzarote. En 2017 es elegido por el Gobierno de Canarias para celebrar el Día de las Letras Canarias.

Es, sin duda, una de las principales figuras de la literatura contemporánea. A Rafael Arozarena hay que acercarse con una mirada poliédrica. Tiene tantas facetas que siempre descubrimos algo nuevo en él y en su obra. Y desde luego nunca defrauda. Creador incansable y curioso, con una mente lúcida y una imaginación desbordante, ha cultivado numerosos géneros literarios.

Creador nato, creó y formó parte del grupo que se denomina *fetasianos* y está considerado como un humanista. En su obra así se constata.

A su obra poética pertenecen los títulos *Alto crecen los cardos, Aprisa cantan los gallos, El ómnibus pintado con cerezas, Silbato de tinta amarilla, Desfile otoñal de los obispos licenciosos, Fetasian Sky, Poliedros del mar* y sus novelas *Mararía, Cerveza de grano rojo, La garza y la violeta, Fantasmas y tulipanes, Los ciegos de la media luna, El señor de Faldas Verdes.* Escribió cuentos, artículos, ensayos y publicó en revistas y periódicos. Aparece en numerosas Antologías y fue uno de los creadores del actual Museo de la Naturaleza y Arqueología de Santa Cruz de Tenerife. Realizó varias exposiciones pictóricas y su obra ha sido traducida al alemán, italiano y al francés.

Baladas
de Anaga

Baladas
de Anaga

Rafael Arozarena

Baladas de Anaga
Rafael Arozarena

Directora de arte: Rosa Cigala

Primera edición en Ediciones Idea: 2023
© De la edición:
 Ediciones Idea, 2023
© Del texto:
 María José Pérez Andreu
© De la ilustración de la cubierta:
 En el faro, de Rafael Arozarena, 2008. Técnica mixta sobre papel, 65x50 cm.

Ediciones Idea
• San Clemente, 24 Edificio El Pilar
38002 Santa Cruz de Tenerife.
Tel.: *922 532150
Fax: 922 286062
• León y Castillo, 39 – 4º B
35003 Las Palmas de Gran Canaria.
Tel.: 928 373637 – 928 381827
Fax: 928 382196

• correo@edicionesidea.com
• www.edicionesidea.com

Fotomecánica e impresión: Gráficas Tenerife, S.A.
Impreso en España – Printed in Spain
ISBN: 978-84-19681-28-7
Depósito legal: TF 463-2023

Con motivo de la celebración, en este año 2023, del Centenario del nacimiento de Rafael Arozarena, Ediciones Idea ha querido rendirle un especial homenaje con la publicación de tres poemarios inéditos: *MARIA JOSE Poema [2003]*, *Memorias de una ausencia* y *Baladas de Anaga*.

Se ha respetado, en lo posible, el formato de los originales y su concepción. Arozarena realizó estos poemarios de una manera que podríamos llamar artesanal. En cuadernitos pequeños, con las páginas en blanco, iba recortando y pegando los versos del poema que, previamente, había escrito. Igual hizo con los cuadritos, a modo de ilustraciones. Los pintaba y los pegaba. A veces, la primera letra que inicia el poema es más grande y la ponía como una pequeña pegatina. Todo ello convierte a estas tres obras en pequeñas joyas literarias.

No podemos obviar el carácter amoroso de los poemarios, unido a una constante en su obra y en su vida, LA NATURALE-ZA, representada aquí por el mar y la cordillera de Anaga. Amor y naturaleza, que siguen demostrando que el universo poético de Arozarena es único e irrepetible.

Índice

Baladas de Anaga

Rafael Arozarena

A María José

ISLA tú lo profundo de tus ojos
esa mar que respalda mi sosiego
ella enciende los días en tus labios
y en tus ojos aviva los berilos
esa mar un espejo y en su azogue
con el sueño se atreve tu presencia.

AH MELOSAS ofrendas dulces cargas
como el trigo se doran mis deleites
este mar este cielo son tus ojos
y una azul jacaranda los acoge
hoy el día frutece entre las ramas
y en vivir tanta dicha me detengo.

MIRA hermoso el salmón celeste donde
los anzuelos de alondras desesperan
y es un tacto la escama luminosa
muere el sol en relojes de magarzas
y traen labios que siguen pescadores
el sabor del anís y la ceniza

TANTA vida es paisaje castigado
ya la tarde proclama la sentencia
de esta hoguera final que te consume

CATEDRALES del sol rojas montañas
concentrada pasión enmudecida
sobre labios va el tiempo embalsamado
soledad tan distinta al desconsuelo
admirable quietud reloj de ausencias
en la nada se labran nuestros goces.

EN TUS senos la flor de proserpina
domadora de fuegos infernales
dulce asombro venciendo la dureza
que elegancia de gesto para el cielo
muerte pura que vuelves a la vida
en tus manos las piedras enflorecen

TODO el cielo espigado de lavándulas
tanto mar en cristales florecido
quien diría del grano tal ventura
ah cosechas de luz y de alegría
venga aquí la codicia de tus ojos
a segar el paisaje reluciente

NO SE oculte tu gracia entre las viñas
tanta luz no podría disiparse
ya jamás el olvido será nada
te define ese mar que nos circunda
un fulgor de metal enjoyelado
redibuja tu cuerpo en la memoria

AH GAVIOTAS balandros liberados
que levantan del mar verdes racimos
ah los vidrios del fuego en cada piedra
todo es fiesta y al ánimo enaltece
es verano y las nubes pasan lejos
calme el sol tu perfil de incertidumbre

MADRE grande nodriza marinera
ya la tarde en sazón su miel nos brinda
dulces mangos del sur senos rosados
a calmar nuestra sed vayamos presto
de los dientes del sol sobre la fruta
el recuerdo nos basta para amarte

YA LA tarde proclama su evidencia
cabalgados cristales luz herida
en ceñirnos diamantes dura el juego
cementerio de luz enamorado
claras tumbas de sol fulgentes losas
a sus fondos va el día y permanece

ALUMBRADO perfil constelaciones
en la noche conservan tu figura
siendo joya que prendes tanto cielo
ya no pueden las sombras silenciarte
en que ciego interior mejores lumbres
tantas luces me das que me amaneces

ENTERRADO el rubí te pertenece
corazón sin latido pero vive
y es su fuego ese fuego que te anima
gran señor escarlata del que naces
el color de tu piel no lo desdice
y en un suave rubor se ha convertido

AH LA LUNA de hierro como prende
esta noche en tus verdes candelabros
para Ulises preparas el camino
piedra viva señora de los soles
es el beso del alba quien espera
mientras tiendes tus manos encendidas

NADA vemos del aire lo sentimos
elegancia rival de la pureza
mientras curva manzanas en las olas
animal silencioso como el sueño
ante el pétreo y constante desafío
en el mar deposita la palabra

HONDAS grietas profundas libertades
que hasta el vértigo llevan mi alegría
cuando subo a la punta de tus alas
sazonada la sombra yace en tierra
y entre ramas de sol al fin gozamos
de esta paz razonable de la altura

DULCES mentas ya flores sosegadas
con su aroma la tarde nos envuelve
duermevelas del mar vitales calmas
de este vano morir cuando se empieza
entre olas y espumas de debate
el efímero fuego de una rosa

TODO el cielo romeros florecidos
como un alma sembrada nos invita
suban suban tus labios hacia el beso
de esa herida de un Dios que se desangra
rojos quedan los picos de palomas
y en el verbo el amor es un comienzo

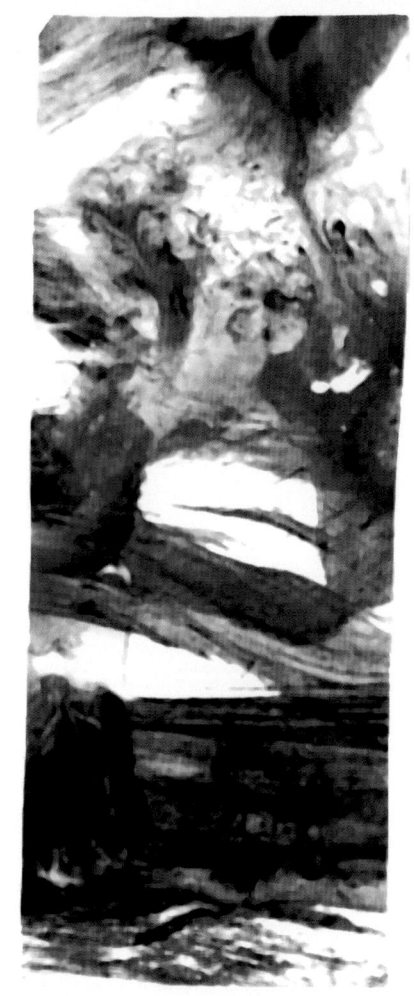

ENCENDIDOS cardones alfileres
cruenta aulaga del sol pétreos cuchillos
que nos clavan el cuerpo en nuestras cruces
en buscar una paz nos afanamos
caracolas vacías espirales
donde gire el amor hasta la muerte

MIRA aquí esta playa que se extiende
suave mano cubierta por encajes
del cantil la reciura se decide
por un guante de amor en sus orillas
con su lucha el diamante ha conseguido
esta firme terraza para el sueño

SABES isla que vienes desde el sueño
a este charco de luz que hay en mi frente
un anillo preside tu cautela
y es el sol mi rival quien te desnuda
mi dolor en el tiempo se apacigua
como el agua se escurre por tus manos

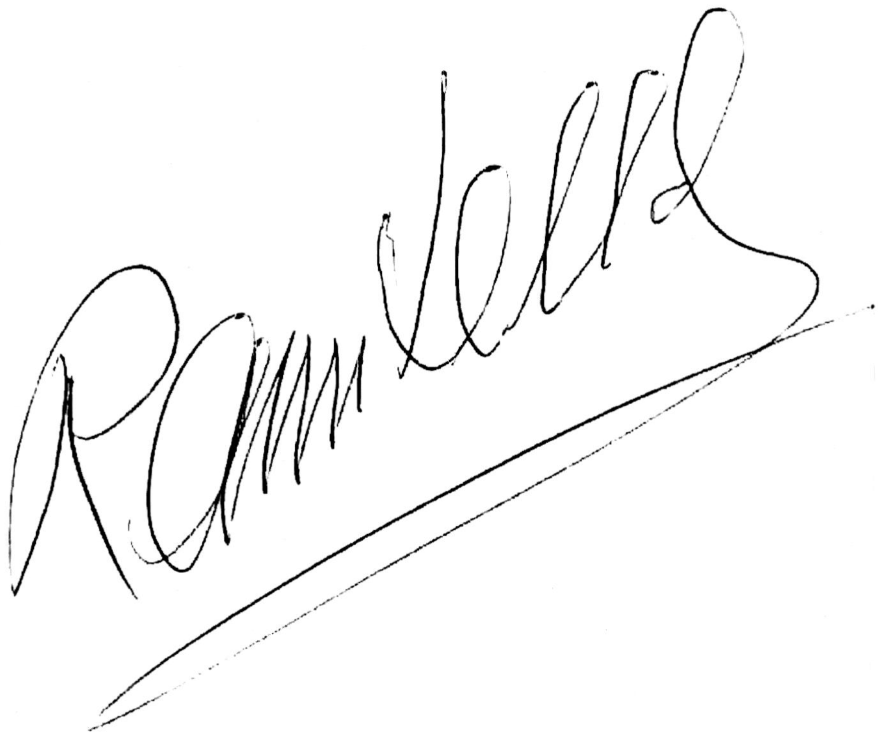

Rafael Arozarena
Títulos publicados

- María José Poema [2003]
- Memorias de una ausencia
- Baladas de Anaga